AF338330

GRANDS-JOURS D'AUVERGNE

EN 1556

UN

PRIEUR DE St-POURÇAIN

AU XVIe SIÈCLE

PAR

M. ROUFFY

Président de l'Académie de Clermont.

CLERMONT-FERRAND

FERDINAND THIBAUD, IMPRIMEUR-LIBRAIRE

Rue Saint-Genès, 8-10.

1869.

UN PRIEUR DE Sᵀ-POURÇAIN

AU XVIᵉ SIÈCLE

Parmi les écrivains qui, dans la première moitié du xviᵉ siècle, ont pris une part active au mouvement littéraire si justement qualifié de renaissance, il en est un, presque oublié de nos jours, dont l'influence a été, sinon prépondérante, du moins des plus considérables, au dire de ses contemporains.

Jacques Colin, plus connu sous le nom d'abbé de St-Ambroise, était né à Auxerre. Il fut d'abord principal du collége des Bons-Enfants-St-Honoré, à Paris (1). Signalé à François Iᵉʳ comme l'homme de son temps qui savait le mieux sa langue, ce prince l'attacha à sa personne comme lecteur, aumônier, secrétaire de ses commandements, et le chargea du détail du Collége Royal, aujourd'hui Collége de France. C'est en cette dernière qualité que le célèbre Danès, évêque de Lavaur et professeur ou lecteur royal, comme on le disait alors, lui demandait, en 1535, l'autorisation d'interrompre les leçons qu'il faisait dans ce collége, pour entreprendre un voyage littéraire en Italie (2).

François Iᵉʳ s'était pris pour Colin d'une affection qu'expliquent l'esprit étincelant, le caractère enjoué et la conversation pleine de charme du favori. Il tenait à l'avoir presque toujours auprès de sa personne, riait de ses bons mots, et se plaisait à s'entretenir avec lui des gens de lettres qui se distinguaient dans son royaume et même à l'étranger.

Colin, peu avare de son crédit, signalait volontiers au roi les écrivains qui méritaient ses bienfaits. Il obtenait pour eux

(1) L'abbé Lebœuf, *Histoire de la ville et du diocèse de Paris*, t. I, p. 89.
(2) L'abbé Goujet, *Bibliothèque française*, t. II, p. 398.

des emplois et des gratifications , et devint ainsi une sorte de *Mécènes*. Il fut l'ami et le protecteur de Clément Marot et de Mellin de Saint-Gelais. Amyot , le traducteur de Plutarque , lui dut le commencement de sa fortune. Né à Melun le 30 octobre 1514 , d'un père vendeur de bourses et d'aiguillettes , il fit ses études au collége du cardinal Lemoine en 1529. Jacques Colin , informé de sa grande capacité , voulut l'avoir près de lui. Amyot n'avait que 23 ans quand il l'amena à Bourges, et le plaça comme précepteur auprès des enfants de Guillaume *Bochetel*, secrétaire d'État, qui obtint pour lui de Marguerite duchesse de Berry, sœur unique du roi , une place de lecteur public en grec et en latin à l'université de Bourges. Tout le monde sait comment, en récompense de la traduction du roman de Theagène et de Chariclée, dédié à François Ier, ce prince fit don à Amiot de l'abbaye de Bellosane, vacante par la mort du sava nt Vatable , et comment il devint ensuite précepteur des fils de Henri II, évêque d'Auxerre et grand-aumônier de France.

Jacques Colin passait pour un homme de vaste et profonde érudition , les poètes de son temps le célébraient à l'envi, Claude Chapuys disait de lui dans son discours de la Cour :

> Aussi l'abbé de St-Ambrois, Colin
> Qui a tant bu au ruisseau Cabalin,
> Que l'on ne sait s'il est poëte né
> Plus qu'orateur à bien dire ordonné,
> Est du grand roi qui les siens favorise
> Et les lettrés avance et authorise,
> Non-seulement volontiers écouté,
> Mais tant plus plaît, que plus il est goûté (1).

Charles de Saint-Marthe lui adressait les vers suivants :

> Clio après, a son docte Colin
> Colin sonnant grec, français et latin,
> Et pénétrant de l'érudite sonde
> La creuse mer de science profonde (2).

(1) *Bibliothèque de Du Verdier*, t. II, p. 275.
(2) Goujet, *Bibliothèque française*, t. II, p. 457.

Ces éloges pompeux étaient-ils bien mérités, et ne s'adres-
saient-ils pas plutôt au favori du roi, au dispensateur des grâces,
qu'au savant et à l'écrivain? Il est permis de pencher pour la
première de ces alternatives. Le bagage littéraire de Jacques
Colin est en effet assez mince. Le principal de ses ouvrages est
une traduction de l'italien du Courtisan de Balthazar Casti-
glione, traduction revue et corrigée après sa mort par son ami
Mellin de Saint-Gelais; quelques vers latins édités avec ceux
de Théocrenus, à Poitiers, vers 1536; en vers français, la
dispute d'Ajax et d'Ulysse pour les armes d'Achille, d'après
les Métamorphoses d'Ovide, avec la description de ces armes
tirée d'Homère; une épître à une dame et un dialogue de
Cupidon et de Vénus, en partie cité par Goujet, d'un tour
assez heureux et assez naturel (1).

En veillant aux intérêts des gens de lettres, Colin n'avait
pas négligé les siens. Indépendamment des émoluments de ses
charges à la cour, lecteur royal, aumônier, secrétaire, il pos-
sédait de nombreux bénéfices que François Ier, toujours libé-
ral, souvent prodigue, s'était plu à accumuler sur la tête de
son favori. Il était à la fois abbé commandataire de St-Ambroise de Bourges, abbaye de chanoines réguliers de St-Au-
gustin, dont il portait habituellement le nom; d'Olivet, près
Romorantin, monastère de l'ordre de Cîteaux, de l'abbaye de
Ste-Marie d'Issoudun, dépendant de l'ordre de St-Benoît, et
enfin prieur du Prieuré bénédictin de St-Pourçain (2).

C'est comme prieur de St-Pourçain que le nom de Jacques
Colin se rattache à l'Auvergne, et figure dans un procès porté
aux Grands-Jours de 1546.

Pour la troisième fois, en soixante-cinq ans, les rois de
France avaient été contraints de recourir à la jurisdiction extraordinaire des Grands-Jours pour réprimer des abus sans
cesse renaissants et assurer l'exercice de la justice dans les
bailliages d'Auvergne et montagnes d'Auvergne, Orléans,
Montargis, Gien, Berry, St-Pierre-le-Moutiers, Nivernais,

(1) Du Verdier, Goujet, *loco citato*.
(2) *Gallia Christiana*, t. II, pages 161, 181, 215-374.

Bourbonnais, Foretz, Beaujolais, Lyonnais, Mâconnais, Combrailles, Haute et Basse-Marche, et Montferrand.

La partialité ou l'impuissance des juges locaux, l'éloignement du parlement de Paris, siége d'appel, favorisaient ou laissaient impunis les excès du pouvoir féodal, les empiétements des communes sur les droits des seigneurs, les querelles des gentilshommes, les dissensions des bourgs et des villes, les manquements graves à la règle commis par les membres des communautés religieuses alors soumises à la surveillance de l'autorité civile, les meurtres, les violences, les attentats de toute nature contre les personnes et les biens, dès qu'ils étaient imputés à des personnages puissants ou fortement protégés.

En 1481, Louis XI avait convoqué les Grands-Jours à Montferrand alors bailliage royal. En 1520, François Ier les réunit dans la même ville. Sur des lettres patentes de ce roi, datées de Moulins, le 19 août 1546, enregistrées au Parlement le 23 du même mois, ils s'ouvrirent de nouveau le dimanche 12 septembre suivant, à Riom, devenu le siége principal de la justice par la création d'une sénéchaussée royale.

La Cour était présidée par Antoine Minard, président au Parlement de Paris, magistrat éminent, mais passionné, que sa mort violente a entouré d'une notoriété historique. Il fut tué d'un coup de pistolet le 12 décembre 1559, étant sur sa mule, au retour du palais. Ce meurtre fut attribué à l'Ecossais Stuart, désireux de venger les calvinistes persécutés.

Minard était assisté de 19 conseillers, parmi lesquels on remarque des noms chers à la magistrature, de Harlay, Lhospital, de Marle, Lefèvre, Boilève.

Charles Marlhac, maître des requêtes, tenait le sceau. Hennequin dirigeait le greffe. Gabriel Marlhac, avocat du roi, et Gilles Bourdin, substitut du procureur général au parlement, étaient officiers du parquet.

Après une messe du St-Esprit dite dans la chapelle du palais par le trésorier du chapitre, la Cour inaugura ses travaux par une ordonnance de règlement portant « que les aubergistes et » autres manants et habitants de la ville de Riom, pendant » les Grands-Jours, ne pourront vendre leur meilleur vin plus

» de six blancs la quarte. Pour nourriture d'un cheval chaque
» jour, à lui bailler 25 livres de foin, trois mesures d'avoine,
» fournir de paille, hébergement, chandelle, et le faire panser
» par serviteurs, ne pourront prendre ni exiger plus de *cinq*
» *sous tournois*, et ne pourront louer les chambres de leurs
» maisons, ustenciles, et fournitures aux locatifs, de linge,
» de lit et de table, faire cuire le manger, servir de plats,
» écuelles et *tranchouers* (assiettes), plus de dix livres tournois
» par mois, le plus, et en dessous, selon la fourniture de la
» chambre. N'entend toutefois la Cour qu'ils fournissent au-
» cunement de bois pour faire cuire le manger, ni de chandelle,
» verjus et vinaigre. »

« Et afin que l'on puisse facilement savoir quelles cham-
» bres devront être plus louées que les autres, elles seront
» visitées par *Pierre Richer*, huissier en la Cour, appelés
» avec lui deux notables personnages de la ville de Riom, qui
» fera son rapport par écrit de l'ustencile qu'ils trouveront en
» chacune chambre et combien l'une vaut mieux de louage
» que l'autre, pour après être ordonné par la cour de louage. »

« Ordonne la Cour que les procureurs, avocats et sollici-
» teurs venus aux Grands-Jours, qui sont logés en cette ville
» de Riom ès-lieux anciennement désignés pour hôtelleries,
» vuideront d'iceux et seront logés en maison bourgeoise, afin
» que les lieux anciennement désignés pour hôtelleries soient
» employés à recevoir et loger les parties venant aux Grands-
» Jours pour l'expédition de leurs causes. »

Les premiers jours furent employés à l'examen et au jugement
d'affaires sans grande importance ; vint enfin le procès capital
de la session : Jean Petit, notaire royal, naguères receveur à
St-Pourçain, appelant du juge de St-Pourçain pour décret et
tortionnaire emprisonnement de sa personne, contre Jacques
Colin, abbé de St-Ambroise et prieur de St-Pourçain, intimé.

Jean Petit expose ce qui suit : Le 10 octobre 1543, lui et
Antoine Charbonnier, son beau-père, avaient été chargés par
Colin de faire la recette du prieuré de St-Pourçain, à cent livres
de gages par an. Il dut rendre son compte devant les officiers
du prieur, en l'hôtel de celui-ci, seul et sans conseil. Il fut con-

traint de prendre en charge pour 7 à 800 livres une *pidancerie*
accensée à un nommé Jacques Gautier, à raison de douze ou treize
vingt livres, perte de 500 livres pour lui. On rejeta plusieurs
articles de dépense et plusieurs mémoires pour la nourriture et
entretien des religieux. On lui compta en recette le blé, qui ne
valait que 30 sous le setier, à 50 sous, sur quoi il perdit 6 à
700 livres. On lui défendit de coucher en son compte les au-
mônes accoutumées en carême, et sur ces articles il fut mis :
Nichil pro pauperibus (rien pour les pauvres) ; enfin, quoiqu'un calcul régulier et équitable l'eût constitué créancier du
prieur d'une forte somme, il fut forcé, le 20 octobre, à signer
et approuver ledit compte, *autrement on l'eût mené rondement
en prison.*

Le 31 octobre, veille de la Toussaint, vers onze heures ou
minuit, les juges, officiers, domestiques du prieur, le jetèrent
en prison et le retinrent plus de quinze jours. Pour en sortir,
il fut mené en bonne sûreté, à la taverne de St-Pourçain, où il
trouva Jacques Colin, ses officiers et sergents, et, par crainte de
retourner en prison, là, en buvant le vin du marché, il s'obligea
à payer 1300 livres tournois et quelques blés et vins, avec les
frais, quoiqu'il ne dût rien ; moyennant ce et deux écus donnés
aux officiers du prieur, moyennant aussi un bail de caution et
une renonciation à l'appel par lui interjeté de l'emprisonnement,
il fut mis en liberté.

Deux ou trois jours après, Colin, informé que Petit cherchait
à se faire relever de son obligation, le fit derechef emprisonner
et mettre ès fossés et cachots de criminels, et le bailla en garde
au geôlier *Antoine Barret*, puis, de ce cachot le fit transporter
en une étable et autre prison, au bas du bûcher du prieuré, afin
que ses parents ne sussent où il était pour le secourir et de-
mander aide et conseil. De là, on le transféra dans une autre
prison récemment créée par le prieur dans une fosse ou monu-
ment, au-dessous de la chapelle de Ste-Catherine, derrière le
grand autel de l'église paroissiale de St-Pourçain, profonde de
cinq à six toises, en forme de puits. Le prieur avait fait enlever
trois ou quatre tombereaux d'ossements de morts, jadis ensevelis
en ce lieu. C'est dans ce sépulcre que Petit, chargé de fers, fut

gardé 6 à 7 semaines au pain et à l'eau, *et encore peu souvent.*

On refusait les vivres que sa femme, ses parents, ses amis lui apportaient ; toute communication avec eux était empêchée ; les officiers et varlets du prieur les chassaient et les intimidaient.

Cependant les habitants de St-Pourçain, émus de ces mauvais traitements, remontrèrent au prieur, avec grande commotion et clameur, la pauvreté et la misère du prisonnier. Colin, pour faire cesser leurs cris et obvier à un mouvement populaire, accusa Petit *d'avoir chassé dans sa garenne et fait peur aux lièvres et aux renards,* et d'avoir machiné sa mort. Il suborna un nommé *Jean Boullon,* prisonnier au cachot pour avoir coupé une bourse ; celui-ci déposa contre Petit et fut mis hors prison sans punition et bien traité, et par ce, dit le plaignant, *Barrabas Latro mis hors de prison, et l'innocent reste pour être puni.*

Cependant Colin donne à entendre au conseil privé du roi qu'en procédant à la réformation des religieux de St-Pourçain ordonnée par ce conseil, Petit et les religieux ses complices, en haine de la réformation, auraient conspiré et entrepris sa mort. Il obtient commission pour faire mener le plaignant devant le sénéchal d'Auvergne qui le renvoie absous. Il le fait incarcérer de nouveau en vertu de l'obligation consentie par force et violence, fait saisir tous ses biens meubles et immeubles, et ceux de ses cautions. Petit est réduit à faire cession de biens et est remis en liberté. Il obtient lettres rescisoires de la chancellerie adressée au sénéchal de Montferrand, et fait renvoyer la cause aux requêtes du palais.

En haine de cette poursuite, dit le plaignant, lui et plusieurs de ses amis, Guillaume Marine, un nommé *Le Chantre,* frère Antoine Chausse, religieux du prieuré, environ une douzaine de gens de bien et bons ménagers ont été fâchés et tourmentés par l'oppression de Colin, sont intimidés à cause des vengeances, inhumanités et cruels traitements que chaque jour on voit faire sur eux par le prieur, par ses officiers, domestiques, et même par un nommé *Bellegarde,* son serviteur, qu'il a fait sergent, homme mal famé et renommé par lequel il a fait exercer plusieurs exécrables traitements aux habitants et mêmement au frère Antoine Chausse. Depuis deux ans, ce Bellegarde a tué le nommé *Le Chantre* sur le pont de Saint-Pourçain ; il l'a tué à bon marché, car l'auteur de cet homicide n'a eu que huit à dix sous pour l'exécution. Le prieur, pour couvrir ce meurtre, fait faire le procès de Bellegarde : il est condamné à être pendu en effigie. Pendant qu'on le pendait ainsi, il était dans la cuisine du prieur où il faisait grande chère. Plus tard, Colin l'a repris chez lui pour le servir dans ses affaires de Saint-Pourçain, et l'a mieux payé qu'auparavant.

Malgré sa cession de biens, Petit, obligé de revenir quelquefois à St-Pourçain, est derechef emprisonné avec ses cautions et Antoine Charbonnier, son beau-père. On les y laisse mourir de faim. Colin, averti que l'on quêtait et amassait aumône pour les pauvres prisonniers, fait défense aux quêteurs de quêter, chose exécrable et inhumaine. Pour sortir de prison, Petit et ses cautions sont forcés de faire nouvelle cession de biens, à laquelle ils sont reçus par appointement passé en la cour du parlement. Petit obtint des lettres de rescision contre cet acte consenti par force et violence, et appela aux Grands-Jours du premier emprisonnement fait en sa personne.

Me Denis Riant, avocat, qui devait, en 1551, succéder à Gabriel Marlhac dans ses fonctions d'avocat-général du roi, et qui, en 1556, devint président au parlement (1), plaida pour Petit, et insista fortement sur les réparations qui lui étaient dues.

Me Aimery, avocat de Colin, se borna à soutenir l'autorité de la chose jugée au parlement, et prétendit qu'aucune foi n'était due à l'information dans laquelle on n'avait entendu que les parents et amis du plaignant.

Gabriel Marlhac, avocat-général pour le roi, dit que la violence exercée contre Petit, sa prison et le fait du sépulcre où il fut fait prisonnier sont bien prouvés ; que le tout sera plus amplement vérifié au procès extraordinaire, ensemble le fait du coupeur de bourse qui, après avoir confessé son crime, et le lendemain du jour où il avait déposé contre Petit, fut bien accueilli par le prieur et mis en liberté sans punition ; trouve que

____

(1) Miraumont, *Mémoires*, p. 255 et 105.

Colin est chargé par les informations, mais ne prend conclusions quant à présent, et pense que les obligations que le pauvre homme a consenties pour soi exhumer de prison, doivent être restituées.

ARRÊT : La Cour, sans avoir égard au plaidoyer de Colin, dit qu'il a mal procédé et emprisonné, que l'appelant a bien appelé, condamne Colin aux dépens de la cour d'appel, et avant faire droit sur le reste, dit qu'elle verra les charges et informations, et néanmoins ordonne que le présent arrêt sera exécuté par provision contre Colin, exemptant toutefois par provision Petit appelant, de la juridiction du prieur, met les parties au sûr et sauf-conduit de la cour, et les remet en tel état qu'elles étaient avant l'emprisonnement.

Cet arrêt qui frappait Colin d'un blâme sévère et mérité, et le laissait sous le coup d'une poursuite criminelle, nous montre sous un sombre aspect la figure de l'abbé de St-Ambroise, que les conteurs et les anecdotiers du xvie et du xviie siècle, Des Périers, Tabourot, Ménage, se sont plus à nous représenter si joyeuse et si gaie.

La procédure commencée et les réserves de l'avocat-général eurent-elles des suites ? Il est permis d'en douter. Colin survécut peu de temps à la sentence des Grands-Jours ; il mourut, non en 1538, comme le prétend Goujet, réfuté par le procès même dont je rends compte, mais en 1547, selon Moréri et la *Gallia Christiana.*

Spirituel et brutal, courtisan délié et dominateur impérieux, souple devant ses supérieurs, despote et cruel vis-à-vis de ses subordonnés, il faisait sentir sous le gant de velours de l'homme du monde la main de fer du seigneur féodal des xive et xve siècles : l'esprit était cultivé, le cœur restait féroce. Sa vie se passa en luttes contre les moines de ses abbayes qu'il désespérait par ses exactions et qu'il laissait mourir de faim afin d'augmenter ses revenus. Les procès qu'il soutint contre eux furent nombreux. L'Eglise le frappa de sa censure, et ne consentit à l'absoudre qu'à son lit de mort. Vers la fin de ses jours, tout lui échappa, même la faveur du roi qui l'avait si longtemps soutenu. On lui reprochait une extrême intempérance de langue et une fâcheuse indiscrétion. Pierre Galland, dans sa Vie de Du Châtel, grand aumônier de France, nous apprend que quelques discours lâchés par Colin mirent la dissension entre certains grands de la Cour, et lui attirèrent leur haine. L'abbé de St-Ambroise perdit la faveur du roi, et Du Châtel, fort goûté par François Ier, fut nommé, à sa place, lecteur de Sa Majesté (1).

L'esquisse que je viens de tracer serait incomplète, et l'on se ferait difficilement une idée juste du caractère et de la tournure d'esprit de l'abbé de St-Ambroise, si je passais sous silence quelques-unes au moins des saillies qui lui avaient valu la faveur de son maître et la réputation de beau diseur parmi ses contemporains.

L'un d'eux, Bonaventure Des Périers, dans ses *Contes et joyeux Devis,* nous les racontera dans cette langue du xvie siècle, si énergique et si naïve à la fois, langue qui nous charme toujours dans Amyot et dans Montaigne.

« Maître Jacques Colin, naguères mort abbé de St-Am-
» broise, était homme de bon savoir, comme il l'a assez fait
» connaître tandis qu'il a vécu, et avait une grande assurance
» de parler de quelque propos que ce fût, et rencontrait singu-
» lièrement bien ; tellement que ces parties toutes ensemble le
» firent fort bien venir vers la personne du feu roi François Ier
» devant lequel il a lu longuement. Sa taille était médiocre.
» Il était homme trapu et amassé, le nez court et retroussé ;
» mais cela ne lui advenait point mal.

» On a dit de lui tout plein de bons contes, lesquels seraient
» longs à réciter ; mais parmi tous, j'en conterai un ou deux
» qui sont de bonne grâce, qu'il dit devant ledit seigneur.

« Il était en pique contre ses moines, lesquels lui faisaient
» tout du sanglant pis qu'ils pouvaient, et lui faisaient bien
» souvenir du proverbe commun qui dit : *Qu'il se faut garder*
» *du devant d'un bœuf, du derrière d'une mule et de tous*
» *côtés d'un moine.* Vrai est qu'il se revanchait bien, et en
» toutes les sortes dont il se pouvait aviser : dont la plus fâ-
» cheuse pour les pauvres moines était qu'il les faisait jeûner ;

(1) L'abbé Goujet, *loco citato.*

» ce qu'ils ne prenaient en gré toutefois, et s'en plaignaient à
» tant de gens et en tant de lieux, que, par le moyen des uns
» et puis des autres, il fut rapporté jusqu'aux oreilles du roi,
» lequel voulant savoir la vérité du fait, dit un jour à maître
» Jacques Colin : Saint-Ambroise, vos moines se plaignent de
» vous et disent que vous ne les traitez pas ainsi que porte
» leur règle, et que vous les faites mourir de faim. — Qu'en
» est-il, sire? répondit Saint-Ambroise, il vous a plu me faire
» leur abbé, ils sont mes moines, et puisque je représente la
» personne du fondateur de leur règle, raison veut que je leur
» fasse maintenir, selon l'intention de lui, qui était qu'ils vé-
» quissent en humilité, pauvreté, chasteté et obédience. J'ai
» avisé et consulté tous les moyens qu'il a été possible, mais
» je n'en ai pas trouvé de plus expédient que par la sobriété,
» car elle est cause de tous biens, comme la gourmandise de
» tous maux. Je crois que David entendait d'eux quand il di-
» sait : *Si non fuerint saturati murmurabunt* (S'ils ne sont
» pas rassasiés, ils murmureront), et interprétait ce mot au
» roi selon son office de lecteur. Et depuis, dit-il, le Nou-
» veau-Testament a parlé d'eux tout apertement, là où il est
» écrit, dans S. Mathieu, chap. XVII, verset 20 : « *Hoc genus*
» *demoniorum non ejicitur nisi oratione et jejunio.* » Hoc ge-
« *nus demoniorum*, dit-il, c'est-à-dire, ce genre de moines.

» Une autre fois, il avait perdu un procès à la Cour, et peut-
» être que ce fut contre ces moines susdits ; qui fut du temps
» que les arrêts se délivraient en latin. En l'arrêt contre lui
» donné, il y avait, suivant le style : *Dicta curia debotavit et*
» *debotat dictum Colinum de suâ demandâ.* Et Saint-Am-
» broise, ayant reçu le double de cet arrêt par un solliciteur,
» se trouva devant le roi et lui dit, à une heure qu'il sut choi-
» sir : Sire, je ne reçus jamais si grand honneur que j'ai fait
» depuis trois jours en çà. — Et comment? dit le roi. —
» Sire, dit-il, votre Cour de parlement m'a débotté. — Le roi
» ayant entendu où il le prenait, le trouva bien bon, après avoir
» connu leur élégance de ce beau latin ferré à glace. Mais de-
» puis, on a mis les arrêts en bon français (Ordonnance de
» François Ier, du mois d'octobre 1539). De quoi on dit, par

» raillerie, que maître Jacques Colin en avait été cause; afin
» qu'on ne dît plus que la Cour se mêlât de *débotter* les gens,
» mais *débouter*, tant qu'on voudrait, et plus que beaucoup ne
» voudraient bien.

» On dit encore tout plein de bons mots venant de lui :
» étant à table, un maître d'hôtel, en asseyant les plats, lui
» répandit un potage sur un pourpoint de velours qu'il portait.
» Il trouva occasion de mettre en propos un personnage qui
» était à table auprès de lui nommé *Fundulus* (Jérôme Fon-
» dulo ou Fonduli de Crémone), homme de bonnes lettres
» mais d'une maigreur proverbiale, partie de sa naturelle
» complexion, et partie de l'étude : auquel l'abbé de Saint-
» Ambroise dit : Monsieur *Fundulus*, vous êtes tout maigre,
» il semble que vous vous portez mal. — Je me porte toujours
» ainsi, dit *Fundulus*, je ne puis engraisser pour temps qui
» vienne. — Je vous enseignerai, dit Saint-Ambroise, un
» bon remède : il ne faut que parler à monsieur le Maître
» d'hôtel que voilà, il ne vous engraissera que trop (1). »

Il y en a de lui assez de tels, ajoute Des Périers, mais tout
cela appartient aux apophthegmes.

Outre la valeur littéraire que leur donnent la grâce et le sel
semés à pleines mains par le conteur, ces anecdotes présentent
un véritable intérêt historique. En signalant le despotisme de
Colin et les mauvais traitements qu'il faisait subir à ses moines,
elles confirment le récit des Grands-Jours, elles rattachent le
nom de l'abbé de Saint-Ambroise à l'une des réformes les plus
heureuses et les plus fécondes, l'emploi exclusif de la langue
française dans les décisions judiciaires.

Le procès de Jacques Colin et le récit de Des Périers se
complètent l'un par l'autre; ils nous donnent l'histoire et la
légende de l'un des représentants les plus originaux et les plus
oubliés d'un siècle illustré par tant de grands hommes.

(1) Des Périers, *Contes et joyeux Devis*, édit. de 1843, p. 173 et suiv.

Clermont, typ. Ferdinand Thibaud.